Erika Bock

Figuren aus Tontöpfen
von klein bis riesengroß

CREATIV COMPACT

CHRISTOPHORUS

Inhalt

Von S bis XXL!

Diese Tontopf-Figuren von mini bis maxi sind ein echter Blickfang und liegen voll im Trend! Einfache Terrakotta-Blumentöpfe werden mit Farbe, Bast und anderen Accessoires zu lustigen und liebenswerten Figuren, die Ihr Zuhause verschönern. Ob im Garten, auf der Terrasse, auf dem Balkon oder als Willkommensgruß an der Haustür: Die originellen Figuren sind einfach dekorativ!
Experimentieren Sie mit verschieden großen Töpfen und lassen Sie Ihrer Fantasie auch beim Ausschmücken freien Lauf.

Viel Freude beim Basteln der Figuren
wünscht Ihnen

Erika Fock

Hinweise & Tipps

- **Tontöpfe** werden in verschiedenen Größen und Formen im Hobby-Fachhandel, im Baumarkt oder im Gartencenter angeboten. Rosentöpfe eignen sich für schlanke Figuren, Glockentöpfe für dicke Figuren mit runden Gesichtern. **Untersetzer** in verschiedenen Größen dienen als Kopfbedeckung oder Kragen.
- Bei den kleinen bis mittelgroßen Figuren werden die Tontöpfe aneinander geklebt. Sehr stabile, Wasser abweisende Klebeverbindungen erhält man mit dem UHU **Montagekleber**. Überschüssigen Klebstoff mit Küchenkrepp entfernen. Töpfe mit Maler-Kreppband fixieren, bis der Klebstoff abgebunden hat.
- Für feine Verklebungen UHU **Alleskleber** Kraft oder die **Niedertemperatur-Pistole** UHU pistole LT 110 verwenden.
- Große Figuren wie Leuchtturm, Windmühle, Nachtwächter werden mit einer **Gewindestange** zusammengehalten. So können sie wieder auseinander gebaut werden, z. B. zum Austauschen eines beschädigten Topfes oder zum Überwintern. Benötigtes Material: Gewindestange M 8 verzinkt; 2 **Unterlegscheiben** 13 x 37 x 3 mm verzinkt; 2 Unterlegscheiben 8 x 16 x 1 mm verzinkt; 2 **Muttern** M 8 verzinkt, UHU Sekundenkleber.

- Zur Gestaltung der Gesichter eignen sich **Pluster-Pen** (nicht aufplustern) sowie **Acrylfarben** auf Wasserbasis, die mit einem dünnen Pinsel aufgemalt werden. Die Konturen mit Bleistift vorzeichnen.
- Die Vorlagen vom Vorlagebogen mit **Bleistift** auf **Transparentpapier** übertragen. **Kopierpapier** mit **Klebefilm** an den Tontopf kleben und die Konturen durchpausen.
- Kleidung mit Acrylfarben aufmalen.
- Transparenter **Acryl-Seidenglanzlack** auf Kunstharzbasis ist Schutz- und Überzugslack für die durchgetrockneten Bemalungen. So werden die Figuren witterungsbeständig.
- Für feine Konturen werden **Pinsel** in den Größen 0 und 1, für mittelgroße Flächen Flachpinsel der Größe 10 und für große Flächen Borstenpinsel der Größe 25 benötigt. Für den Überzugslack eignet sich ein Schablonierpinsel der Größe 12.
- Für die Arme werden kleine Töpfe auf Natur-, Kunststoffbast oder Figurendraht, 6 mm Ø, aufgezogen.

Weitere Hilfsmittel und Werkzeuge

Schere, Lineal, Kombizange, Laub- oder Dekupiersäge, Metallsäge, Gabelschlüssel 10 und 13 mm.

Montage der großen Figuren

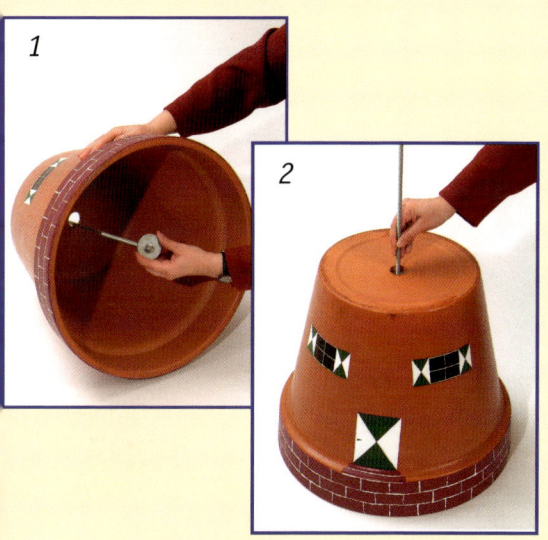

Vorbereitung

Die Töpfe bemalen. Vorlagen mit Bleistift auf Transparentpapier übertragen, Kopierpapier mit Klebefilm an den Tontopf kleben und die Konturen durchpausen. Beispiel Windmühle: Das Mauerwerk auf den Rand des Tontopfes malen. Fenster und Tür nach der Vorlage übertragen und aufmalen. Alle Töpfe mit Lack überziehen.

Montage

1 Mutter auf die Gewindestange schrauben und mit einem Tropfen Sekundenkleber fixieren. Eine kleine (8 x 16 x 1 mm) und eine große (13 x 37 x 3 mm) Unterlegscheibe auf die Gewindestange stecken und die Stange durch das Loch des untersten Topfes führen.

2 Topf aufstellen und die Stange nach oben ziehen.

3 Die nächsten Töpfe aufstecken, das geht am besten zu zweit.

4 Nach dem letzten Topf eine große und eine kleine Unterlegscheibe aufstecken und die Mutter mit dem Gabelschlüssel festdrehen.

Material

Flügel

- 2 Holzleisten, 12 x 28 mm, 100 cm lang
- Holzleisten, 7 x 18 mm:
  - 12x 35 cm lang
  - 4x 15 cm lang
  - 4x 13,8 cm lang
  - 4x 12,7 cm lang
  - 4x 11,6 cm lang
  - 4x 10,5 cm lang
- Sperrholz, 10 mm stark, 10 x 10 cm; 18 mm stark, 6 x 6 cm
- 1 Holzschraube, verzinkt, 6 x 80, mit Sechskantkopf
- 1 Unterlegscheibe, Messing, 8 x 24 x 2 mm
- Bespannung: Nessel, 85 cm x 70 cm

Galerie

Brüstung:

- 8 Holzleisten, 5 x 30 mm, 15,5 cm lang

Querleisten:

- 8 Holzleisten, 4 x 18 mm, 15,3 cm lang
- 8 Holzleisten, 4 x 18 mm, 13 cm lang

Verbindungsstücke:

- 8 Holzleisten, 7 x 18 mm, 6 cm lang

Außerdem

- Bohrmaschine
- Holzbohrer, 5 u. 6 mm Ø
- Stechbeitel, Raspel
- Holzleim
- Elektrischer Tacker
- Evtl. Gehrungssäge

Höhe ca. 155 cm
Vorlage A

Windmühlenflügel

1 Bei den beiden 100 cm langen Holzleisten jeweils in der Mitte der Schmalseite einen Abschnitt von 28 mm (= Leistenbreite) anzeichnen, bis zur Hälfte der Leistendicke einsägen und mit dem Stechbeitel ausstechen. Eventuell mit der Raspel nacharbeiten. Beide Leisten über Kreuz ineinander stecken.

2 Das Kreuz flach hinlegen und ein Loch von 6 mm Ø in die Mitte bohren.

3 An allen vier Enden des Kreuzes jeweils rechts eine Leiste (7 x 18 mm, 35 cm lang) hochkant und bündig mit Leim und Tacker befestigen. Diese Leisten gewährleisten die Schräglage der Flügel.

4 Nun jeden Flügel einzeln bearbeiten: Die beiden 35 cm langen Leisten auf die Vorlage legen. Querleisten aufleimen und festtackern. Das Gitter am Flügelarm befestigen, dabei auf die Schräglage des Flügels achten.

5 Aus der größeren Sperrholzplatte einen Kreis von 8 cm Ø aussägen. In die Mitte ein Loch von 6 mm Ø bohren. Aus der kleineren Platte eine Scheibe von 4 cm Ø aussägen und in die Mitte ein Loch von 5 mm Ø bohren.

6 Die Schraube (6 x 80) mit der Unterlegscheibe (8 x 24 x 2) belegen und durch die größere Holzscheibe und das Windrad stecken. Die Scheibe von 4 cm Ø auf das Gewinde aufdrehen, dabei den Schraubenkopf mit dem Gabelschlüssel festhalten.

Bespannung der Flügel

Je nach Geschmack eine Bespannung aus Nesselstoff anbringen: Vier Tücher nach der Vorlage zuschneiden und mit dem Tacker auf den Flügelrückseiten befestigen.

Galerie

1 Alle Leisten der Vorlage entsprechend im angegebenen Winkel absägen (Gehrungssäge).

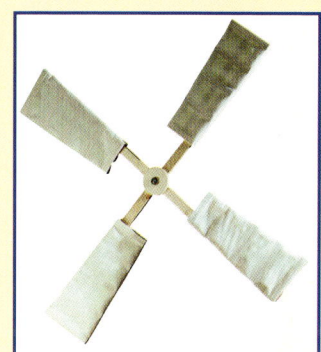

2 Die Verbindungsstücke auf die Vorlage legen, Querleisten aufleimen und festtackern.

3 Die Brüstung mit Leim und Tacker am Grundgerüst befestigen.

Windmühlenturm

Den Turm nach der Anleitung von Seite 5 und der Skizze auf dem Vorlagebogen zusammenbauen. Die Galerie überstülpen.

Fortsetzung Seite 8

Material

Mühlenturm

- Tontöpfe:
  - 1x 46 cm Ø
  - 1x 31 cm Ø
  - 2x 25 cm Ø
- Acrylfarben in Weiß, Krapplack, Dunkelgrün, Schwarz

Mühlenkopf

- Tontöpfe:
  - 1x 15 cm Ø
  - 1x 13 cm Ø
- 1 Holzschraube, verzinkt, 6 x 80, mit Sechskantkopf
- 1 Unterlegscheibe, verzinkt, 6 x 16 x 1 mm
- 1 Unterlegscheibe, Messing, 8 x 24 x 2 mm
- Aluminiumrohr, 12 mm/10 mm Ø, 26 cm lang
- Messingrohr, 8 mm/ 7 mm Ø, 30 cm lang

Windmühlenkopf

1 Die beiden Tontöpfe der Abbildung entsprechend ineinander kleben.

2 Das Messingrohr auf einer Länge von 4 cm mit der Zange auf 7 mm Ø zusammendrücken. Von der anderen Seite eine Unterlegscheibe (8 x 24 x 2) bis an die zusammengedrückte Stelle aufschieben. Am anderen Ende das Rohr in gleicher Weise auf einer Länge von ca. 7 cm zusammendrücken.

3 Das Messingrohr mit dem zuletzt bearbeiteten Ende voraus bis zum Anschlag in das Aluminiumrohr schieben. Beide Rohre durch die zusammengeklebten Töpfe stecken. Von der Rückseite die Schraube mit Unterlegscheibe in das Messingrohr fast vollständig einschrauben, das Messingrohr vorn mit einer Kombizange festhalten. Darauf achten, dass sich das Messingrohr noch frei im Aluminiumrohr drehen kann.

4 Das Aluminiumrohr an den beiden Auflagestellen (hinten oben, vorne unten) in den Löchern der Tontöpfe mit Klebstoff fixieren, trocknen lassen.

5 Den Mühlenkopf so in den obersten Topf der Windmühle legen, dass das Alurohr hinten auf dem Rand des Topfes aufliegt. Die Schraube des Windrades vorn in das Messingrohr einschrauben, die hintere Schraube mit dem Gabelschlüssel festhalten.

Material und Anleitung der Figur auf Seite 10

7 cm   4 cm

Material

Für jede Figur

- Tontopf, 6 cm Ø
- 14 Walzenperlen in Natur, 10 mm Ø
- 4 Holzhalbperlen in Natur, 14/7 mm
- Holzkugel, 20 mm Ø
- Holzkugel, 40 mm Ø
- Maisstroh in Natur
- Acrylfarbe in Schwarz
- Acryl-Granitfarbe in Sand, Hellgrün
- Paketschnur
- Wachsmalstift in Rot

Höhe ca. 13 cm
Vorlage B

Windmühlen-Figur

- Tontöpfe:
  - 2x 6 cm Ø
  - 1x 5 cm Ø
- Styroporkugel, 40 mm Ø
- Fransenwolle in Braun
- Strickschlauch:
  - z. B. in Grün, 4 cm breit, 8 cm lang
  - in Rot, 1,5 cm breit, 20 cm lang
  - in Rot, 6 cm breit, 20 cm lang
- Chenilledraht, 20 cm
- 2 Holzperlen, 20 mm Ø
- Pompon in Grün
- Pluster-Pen in Rot, Schwarz
- Schaschlikstäbchen
- Nähnadel und -garn

Höhe ca. 15 cm

Schlenkerpüppchen

1 Augen, Nase und Mund auf die große Holzkugel malen. Wangen mit Wachsmalfarbe andeuten. Den Tontopf mit Granitfarbe zweimal bemalen, den Topfrand unbemalt lassen.

2 Halbperlen und Perlen als Arme auf eine 20 cm lange Schnur fädeln und an den Enden verknoten.

3 Holzkugel (20 mm Ø) auf zwei 30 cm lange Schnüre ziehen. Schnurenden durch das Topfloch führen, so dass die Kugel innen liegt. Außerhalb des Topfes die Armschnur zwischen diese beiden Schnüre legen, Schnüre verknoten. Holzkugel (40 mm Ø) als Kopf aufziehen, am Topf fixieren. Schnüre als Aufhängung verwenden oder abschneiden. Die Schnurenden im Topf nach der Holzkugel verknoten und Perlen für die Beine aufreihen. Am Ende verknoten.

4 Maisstroh als Haare bündeln und quer oder aufgerichtet auf die Öffnung des Kopfes kleben.

Windmühlen-Figur   *Abbildung Seite 9*

1 6 cm breiten Strickschlauch mit Nadel und Faden am oberen Rand aufreihen und zusammenziehen. Den Rand durch das Loch des Topfes (6 cm Ø) nach innen stecken.

2 Diesen Topf mit dem zweiten Tontopf von 6 cm Ø an den Rändern zusammenkleben. Strickpulli am Topf fixieren.

3 Für die Arme Chenilledraht mit Strickschlauch beziehen und an den Pulli nähen, Perlen als Hände festkleben.

4 Tontopf als Kopf aufkleben, Gesicht aufmalen. Styroporkugel einkleben, Wollhaare und Strickmütze fixieren.

Material

- Tontöpfe:
  - 1x 31 cm Ø
  - 2x 27 cm Ø
  - 2x 25 cm Ø
  - 1x 15 cm Ø
  - 4x 13 cm Ø
- Unterteller, 29 cm Ø
- Windradfolie in Gelb
- Moosgummi in Blau
- Schraubglas
- Sand
- Teelicht
- Holzleiste, 120 x 27 x 90 mm
- Acrylfarben in Weiß, Rot, Schwarz
- Bohrmaschine
- Steinbohrer, 16 mm Ø

Leuchtturmwärter
- Tontöpfe:
  - 2x 6 cm Ø
  - 1x 5 cm Ø
- Styroporkugel, 40 mm Ø
- Fransenwolle in Gelb
- Strickschlauch:
  - in Blau, 6 cm breit, 20 cm lang
  - in Blau, 1,5 cm breit, 20 cm lang
  - in Blau-Weiß, 4 cm breit, 8 cm lang
- Chenilledraht, 20 cm
- 2 Holzperlen, 20 mm Ø
- Pluster-Pen in Rot, Schwarz
- Schaschlikstab
- Holzfisch
- Nähnadel und -garn
Anleitung Seite 14

Höhe ca. 110 cm
Vorlage C

Leuchtturm

1 In die Mitte des Untertellers mit dem Steinbohrer ein Loch bohren.

2 Töpfe bemalen: Den größten Topf (31 cm Ø) in Schwarz, den Unterteller und je einen Topf von 25 cm und 27 cm Ø in Rot, die restlichen Töpfe von 15 cm, 25 cm und 27 cm Ø in Weiß. Bei dem weißen Topf von 25 cm Ø einen 12,5 cm breiten Rand anzeichnen und oberhalb davon Rot färben. Die Fenster vom Vorlagebogen übertragen und ausmalen.

3 Die Gewindestange mit Mutter und Unterlegscheiben von innen durch das Loch des untersten Topfes führen (siehe Seite 5). Die Tontöpfe nach der Skizze auf dem Vorlagebogen aufstecken. Töpfe von 13 cm Ø dienen jeweils als Abstandhalter zwischen den großen Töpfen.

4 Gewindestange nach oben ziehen. Die endgültige Länge der Stange festlegen und markieren, dabei die Höhe von Mutter und Unterlegscheiben beachten. Den Turm wieder abbauen und die Gewindestange kürzen. Leuchtturm erneut zusammenbauen.

5 Aus Moosgummistreifen und gelber Windradfolie die Laterne des Leuchtturms der Abbildung entsprechend herstellen. Sie muss locker über das Schraubglas passen. Das Glas mit etwas Sand füllen und das Teelicht hineinstellen.

6 Die Holzleiste in drei Abschnitte sägen und als Distanzhalter auf den obersten Topf legen. Laterne aufstellen.

Achtung: Das Windlicht ist nicht fest montiert, bei starkem Wind kann es herunterfallen! Die Kerze nie unbeaufsichtigt brennen lassen!

Blumenstecker

Material

- Tontöpfe:
  - 5x 5 cm Ø
  - 2x 4 cm Ø
- Naturbast
- 4 Holzperlen in Natur, 12 mm Ø, halb gebohrt
- Bindedraht
- Maisstroh in Gelb
- Strohhut, ca. 5 cm Ø
- Holzstreumotive, z. B. Blume, Vogel
- 2 Rundholzstäbe, 8 mm Ø, 20 cm lang
- Acrylfarben in Gelb, Rot
- Pluster-Pen in Rot, Schwarz
- Trinkhalm
- Eventuell Kastanienbohrer

Höhe 15 cm

1 Für den Körper jeweils zwei Tontöpfe (5 cm Ø) aufeinander kleben. Rote Latzhose oder gelbes T-Shirt aufmalen.

2 Augen und Mund mit Pluster-Pen auf die kleineren Töpfe (4 cm Ø) malen, die Farbe jedoch nicht aufplustern.

3 Einige Bastfäden bündeln und in 10 cm Länge abschneiden. An beiden Enden Holzperlen als Hände fixieren.

4 Körper und Kopf aufeinander kleben und dabei die Arme mit einlegen. Maisstroh als Haare anbringen. Strohhut oder einen kleinen Tontopf mit bemaltem Rand aufkleben.

5 Drähte an den Streuteilen anbringen, um einen Trinkhalm wickeln und an den Armen der Figuren fixieren.

6 Rundstab in das Loch des Tontopfes stecken, eventuell mit Klebstoff fixieren.

Leuchtturmwärter   *Abbildung Seite 13*

1 Den breiten blauen Strickschlauch mit Nadel und Faden am oberen Rand aufreihen und zusammenziehen. Den Rand durch das Loch des Topfes (6 cm Ø) nach innen stecken.

2 Diesen Topf mit dem zweiten Tontopf von 6 cm Ø an den Rändern zusammenkleben. Strickpulli am Topf fixieren.

3 Für die Arme Chenilledraht mit Strickschlauch beziehen und an den Pulli nähen, Perlen als Hände festkleben.

4 Tontopf als Kopf aufkleben, Gesicht aufmalen. Styroporkugel einkleben und Haare fixieren. Strickmütze ankleben.

Gärtnerin

1 Einen der großen Töpfe vollständig, den anderen nur am Rand mit Granitfarbe bemalen. Zwei der kleinen und alle vier der nächstgrößeren Töpfe ebenfalls färben. Trocknen lassen und den Anstrich wiederholen.

2 Für jeden Arm Töpfchen und Holzkugeln nach der Skizze auf dem Vorlagebogen auf ein 33 cm langes Stück Draht aufreihen. Als Hand einen kleinen Topf auffädeln, den Draht zur Schlaufe legen und wieder durch das Loch zurückführen.

3 Die Drahtenden der Arme durch das Loch des großen Topfes führen. Innen eine große Holzkugel auf beide Drähte aufziehen und die Drahtenden verknoten und auseinander biegen.

4 Die beiden großen Töpfe an den Rändern aufeinander kleben.

5 Das Gesicht auf den Glockentopf malen und die Wackelaugen aufkleben. Die Styroporkugel in den Kopf kleben. Märchenwolle als Haare fixieren. Frisur zurechtzupfen, z. B. hinten einen Zopf flechten. Strohhut ausschmücken und aufkleben. Den Kopf auf den Körper kleben.

6 Schürze und Halstuch nach den Vorlagen aus Stoff bzw. Filz ausschneiden und der Abbildung entsprechend anbringen. Körbchen mit kleinen Deko-Früchten füllen und der Gärtnerin über den Arm hängen.

Hühner

Material

Kleines Huhn

- Tontöpfe:
  - 1x 9 cm Ø
  - 1x 6 cm Ø
- Styroporkugel, 40 mm Ø
- Acrylfarben in Gelb, Blau
- Moosgummi in Rot
- Wackelaugen, 7 mm Ø
- Rundholzstab, 8 mm Ø, 6 cm lang

Großes Huhn

- Tontöpfe:
  - 1x 11 cm Ø
  - 1x 7 cm Ø
- Styroporkugel, 60 mm Ø
- Acrylfarben in Elfenbein, Krapplack
- Moosgummi in Rot
- Wackelaugen, 7 mm Ø
- Rundholzstab, 8 mm Ø, 8 cm lang

Höhe ca. 17 und 23 cm
Vorlage E

1 Jeweils einen Rundstab zur Stabilisierung in die Styroporkugel stecken, durch den kleineren Topf führen und an der Innenseite des größeren festkleben. Klebstoff auf die Auflagepunkte geben.

2 Töpfe und Kugeln grundieren. Muster auf die Töpfe malen, Punkte mit dem Pinselstiel tupfen.

3 Schnabel, Kamm, Kinnlappen und Schwanzfedern nach den Vorlagen aus Moosgummi ausschneiden und aufkleben. Augen fixieren.

Material

Blumenjunge

- Glockentöpfe:
  - 1x 11 cm Ø
  - 1x 9 cm Ø
- Tontöpfe:
  - 1x 11 cm Ø
  - 2x 6 cm Ø
  - 8x 4 cm Ø
- Zylindertopf, 11 cm Ø
- Unterteller, 9 cm Ø
- Wackelaugen, 10 mm Ø
- Naturbast
- Karo-Schleifenband
- Acrylfarben in Rot, Blau, Schwarz

Hund

- Glockentopf, 9 cm Ø
- Tontöpfe:
  - 2x 11 cm Ø
  - 8x 5 cm Ø
- Wackelaugen, 14 mm Ø
- Baumwollstoff
- Deko-Festiger
- Figurendraht, 5 mm Ø, 15 cm lang
- Acrylfarben in Weiß, Rehbraun, Schwarz

Höhe 33 cm; 14 cm
Vorlage F

Blumenjunge & Hund

Blumenjunge

1 Den Unterteller bemalen und als Hut auf den größeren Glockentopf kleben. Haare und Gesicht ausgestalten.

2 Auf einen 70 cm langen Baststrang acht Töpfe (4 cm Ø) als Arme aufreihen (siehe Abbildung). Den Abstand zum nächsten Topf jeweils mit einem Knoten fixieren. Den Bast an den Enden lang lassen, um den Pflanztopf einzufassen.

3 Zylindertopf und Tontopf (11 cm Ø) als Körper an den Rändern aufeinander kleben. Die Latzhose aufmalen. Blau bemalte Töpfe (6 cm Ø) als Beine ankleben.

4 Den Kopf auf den Körper kleben und dabei den Armstrang einlegen. Halstuch und Hutband anbringen.

Hund

1 Tontöpfe (11 cm Ø) als Körper zusammenkleben, Glockentopf als Kopf fixieren. Körper auf die Beine setzen, deren Umrisse anzeichnen. Körper umdrehen und Beine festkleben.

2 Ohren nach der Vorlage schneiden, mit Deko-Festiger bestreichen und an den Kopf drücken. Für den Schwanz Stoff (15 x 7 cm) mit Deko-Festiger bestreichen, um den Figurendraht wickeln und trocknen lassen. In den Topf stecken.

3 Den Hund bemalen und das Gesicht ausgestalten.

Material

Hirte

- Glockentöpfe:
  - 2x 31 cm Ø
  - 1x 17 cm Ø
- Tontöpfe:
  - 1x 29 cm Ø
  - 1x 25 cm Ø
  - 6x 9 cm Ø
  - 2x 7 cm Ø
  - 2x 6 cm Ø
- Unterteller, 29 cm Ø
- Figurendraht, 6 mm Ø
- Bindedraht, 25 cm lang
- Wackelaugen, 18 mm und 6 mm Ø
- Holzkugeln: 40 und 25 mm Ø
- 5 Holzknöpfe
- Kordel in Creme, 100 cm lang
- Hanfzopf
- Pluster-Pen in Rot
- Acrylfarben in Weiß, Ocker, Rot, Rehbraun, Schwarz

Schäfchen

- Tontöpfe
  - 2x 15 cm Ø
  - 1x 9 cm Ø
  - 12x 7 cm Ø
- Glockentopf, 13 cm Ø
- Wackelaugen, 18 mm Ø
- Holzperle, 20 mm Ø
- Heu
- Paketschnur
- Baumwollstoff
- Deko-Festiger
- Acrylfarbe in Pastell

Höhe 90 cm; 30 cm
Vorlage G

Hirte mit Schäfchen

Hirte

1 Die Tontöpfe bemalen: Die Glockentöpfe und den Unterteller in Grün, die Töpfe für Arme und Oberkörper in Ocker. Trocknen lassen. Jackenöffnung, Kragen und Taschen mit Braun aufmalen, die Maus mit einer Mischung aus Weiß und Schwarz. Die Gesichter von Maus und Hirte ausarbeiten.

2 Die Töpfe für die Arme auf 130 cm langen Figurendraht reihen. Den Abstand zum nächsten Topf jeweils mit einem Knoten fixieren. Die Strecke zwischen den Schultern sollte etwa 22 cm betragen. An den Händen den Figurendraht zu einer Schlaufe legen und das Ende wieder in den Topf stecken.

3 Holzkugel (40 mm Ø) auf Bindedraht ziehen, beide Drahtenden nach oben richten und von innen durch das Loch des Oberkörper-Topfes stecken. Den Figurendraht der Arme mittig über den Topf und zwischen die beiden Drähte legen. Die Drahtenden fest zusammendrehen.

4 Die großen Töpfe entweder zusammenkleben oder mit einer Gewindestange verbinden (s. Seite 4/5). Hinweis: Da Mutter, Unterlegscheiben und Stange unten überstehen, werden zusätzlich Tontopffüße zum Aufstellen der Figur benötigt. Haare aus Hanf anbringen. Hut aufkleben.

Schäfchen

Den Körper des Schäfchens zunächst wie beim Hund von Seite 20 ausarbeiten, jedes Bein mit einem weiteren Topf verlängern. Körper und Kopf in mehreren Lagen mit Heu belegen, mit Schnur fest umwickeln. Ohren mit Deko-Festiger versteifen, einkleben. Augen und Nase anbringen.

Material

- Tontöpfe:
  - 1x 36 cm Ø
  - 2x 31 cm Ø
  - 1x 29 cm Ø
  - 1x 15 cm Ø
  - 6x 11 cm Ø
  - 4x 7 cm Ø
- Unterteller, 36 cm Ø
- Pflanzschale, 20 cm Ø
- 3 Terrakotta-Füße
- Holzkugel, 30 mm Ø
- Halbe Holzperle, 25 mm Ø
- Bindedraht
- Polyester-Stoff in Dunkelgrün, 50 cm x 140 cm
- Kordel in Dunkelgrün, 100 cm lang
- Nähgarn in Dunkelgrün
- Nähnadel oder Nähmaschine
- Figurendraht, 6 mm Ø
- Maisstroh in Natur
- Rest von Langhaar-Plüsch in Braun
- Gürtel in Schwarz
- Metall-Laterne
- Holzrundstab, 10 mm Ø, 100 cm lang
- Moosgummi in Schwarz
- 3 Plastikknöpfe, 30 mm Ø
- Acrylfarben in Weiß, Krapplack, Dunkelblau, Braun, Schwarz

Höhe ca. 120 cm
Vorlage H

Nachtwächter

1 Den Oberkörper (36 cm Ø) und die Arme (6x 11 cm Ø, 2x 7 cm Ø) in Krapplack grundieren. Die beiden Töpfe für den Unterbau (31 cm Ø), den Teller und die Schale des Hutes sowie die Füße schwarz bemalen.

2 Die Töpfe der Arme auf 160 cm langen Figurendraht aufreihen. Den Abstand zum nächsten Topf jeweils mit einem Knoten fixieren. Die Strecke zwischen den Schultern sollte etwa 27 cm betragen. An den Händen den Figurendraht zu einer Schlaufe legen und das Ende wieder in den Topf stecken.

3 Holzkugel (3 cm Ø) auf Bindedraht ziehen, beide Drahtenden nach oben richten und von innen durch das Loch des Tontopfs von 15 cm Ø stecken. Diesen Topf als Abstandhalter in den Oberkörper stecken und die Drahtenden auch hier durch die Öffnung führen. Den Figurendraht der Arme mittig über den Topf und zwischen die beiden Drähte legen. Die Drahtenden fest zusammendrehen und wieder zurück in die Topföffnung stecken.

4 Augen und Mund auf den Kopf (29 cm Ø) malen. Plüsch als Schnurrbart, Halbperle als Nase und Maisstroh als Haare festkleben. Den Hut zusammensetzen und fixieren.

5 Die Figur mit einer Gewindestange verbinden (s. Seite 4/5). Tontopffüße unter die Figur setzen.

6 Hellebarde nach der Vorlage aus Moosgummi schneiden und beidseitig an den Holzstab kleben. Hellebarde und Laterne an den Handschlaufen befestigen.

7 Für den Umhang die Ränder des Stoffzuschnitts umsäumen. Längs 10 cm absteppen und so einen Tunnel für die Kordel nähen. Kordel einziehen und die Enden verknoten.

Schnecke

Material

- 2 Pflanzschalen, 22 cm Ø
- Tontöpfe:
  - 3x 7 cm Ø
  - 1x 6 cm Ø
  - 1x 5 cm Ø
- Styroporkugel, 60 mm Ø
- Wackelaugen, 10 mm Ø
- 2 Holzperlen, 15 mm Ø
- 2 Rundhölzer, 6 mm Ø, 4 cm lang
- Acrylfarben in Krapplack, Ocker
- Bleistiftspitzer

Höhe ca. 22 cm
Länge ca. 36 cm

1 Beide Pflanzschalen an den Rändern zusammenkleben. Seitlich jeweils einen Tontopf von 7 cm Ø ankleben. Als Schwanzstück einen Tontopf (6 cm Ø) fixieren.

2 Für den Kopf die Styroporkugel färben und in den dritten Tontopf von 7 cm Ø kleben. Kopf und Stütze (5 cm Ø) ankleben.

3 Die Schnecke in Krapplack grundieren und das Muster mit Ocker aufmalen.

4 Die Rundhölzer anspitzen. Holzperlen aufkleben und als Fühler in den Kopf stecken. Das Gesicht ausgestalten.

Kantenhocker

Material

Kantenhocker

- Glockentopf, 11 cm Ø
- Tontopf, 7 cm Ø
- 5 Holzkugeln, 20 mm Ø
- Ast, 40 cm lang, ca. 20 mm Ø
- Paketschnur
- Karostoff in Rot-Weiß
- Buchsbaumgirlande, 30 cm lang
- Acrylfarben in Rot, Schwarz
- Dekupier- oder Gehrungssäge
- Bohrmaschine
- Holzbohrer, 2 mm Ø

Höhe 30 cm
Vorlage I

28

1 Augen, Nase, Mund und Wangen mit Acrylfarben auf den Tontopf malen.

2 Als Knöpfe zwei dünne Scheiben vom Ast absägen. Knopflöcher hineinbohren. Restliches Aststück in zehn 3 cm breite Abschnitte sägen. Jeweils ein Loch in die Mitte bohren.

3 Für die Arme eine 25 cm lange Schnur, für die Beine zwei 24 cm lange Schnüre zuschneiden und jeweils an einem Ende verknoten. Holzkugeln und Aststücke aufziehen. Die Armschnur nach der zweiten Holzkugel verknoten.

4 Die Armschnur mittig über den Glockentopf legen. Die Enden der Beinschnüre von innen durch das Loch des Glockentopfes stecken, dabei die Armschnur einfassen und weiter durch das Loch des nächsten Topfes (Kopf) führen. Eine Holzkugel auf die beiden Schnurenden aufziehen, die Länge der Beine ausgleichen und die Schnüre verknoten. Siehe dazu auch die Skizze auf dem Vorlagebogen.

5 Knöpfe fixieren, ein Halstuch umbinden. Die Buchsbaumgirlande zu einem Herz formen und am Topf festkleben.

Herzchen-Wichtel   *Abbildung Seite 30*

1 Das Gesicht auf die große Kugel malen. Hut und Herz nach den Vorlagen ausschneiden. Spitzhut formen und mit den Haaren auf den Kopf kleben.

2 Holzkugeln und Tontöpfe nach der Skizze auf dem Vorlagebogen auf eine 26 cm lange Schnur reihen. Enden verknoten. Den Kopf auf den Körper kleben, dabei die Armschnur einlegen. Beine, Herz und Bordüre anbringen.

Herzchen-Wichtel

Material

Für jede Figur

- Tontöpfe:
  - 1x 7 cm Ø
  - 4x 4 cm Ø
- 4 Holzkugeln, 20 mm Ø
- Holzkugel, 50 mm Ø
- Paketschnur
- Fransenwolle in Gelb, Braun
- Jute in Rot, Blau
- Acrylfarben in Rosa, Schwarz

Anleitung Seite 28

Höhe ca. 17 cm
Vorlage J

Impressum

© 2003
Christophorus Verlag GmbH
Freiburg im Breisgau
Alle Rechte vorbehalten –
Printed in Germany
ISBN 3-419-56543-7

Lektorat und Produktion:
Elke Fox, Freiburg

Styling und Fotos:
Christoph Schmotz, Freiburg

Layoutentwurf:
Network!, München

Coverrealisierung:
smp, Freiburg

Druck:
Freiburger Graphische Betriebe

Wir sind für Sie da, wenn
Sie Fragen haben.
Und wir interessieren uns
für Ihre eigenen Ideen und
Anregungen.
Schreiben Sie uns, wir hören
gern von Ihnen!
Ihr Christophorus-Team

Christophorus-Verlag GmbH
Hermann-Herder-Str. 4
79104 Freiburg
Tel.: 0761/2717-0
Fax: 0761/2717-352
e-mail:
info@christophorus-verlag.de
www.christophorus-verlag.de

Weitere Titel aus dieser Reihe

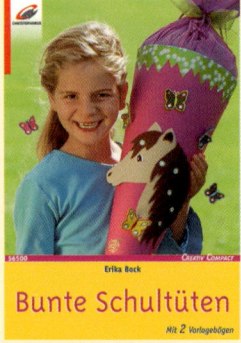

3-419-56500-3

3-419-56388-4

3-419-56458-9

3-419-56226-8

3-419-56319-1

3-419-56230-3